L'Arcipelago Einaudi

250

Pubblicato in accordo con Pietrosanti Agenzia Letteraria

www.einaudi.it

ISBN 978-88-06-26822-0

Marco Rossari

Piccolo dizionario delle malattie letterarie

Einaudi

Bugiardino

La letteratura è una malattia che si contrae nell'infanzia, quando il corpo è piú gracile e indifeso (per non parlare della mente, vulnerabile e suscettibile agli stimoli).

Tu sei lí, ancora imberbe, ed ecco che un padre o una madre o un amico o magari addirittura il pediatra ti allunga un libro per distrarti e superare una brutta influenza. Salgari, Dumas.

Morbo contro morbo, chiodo scaccia chiodo, cura omeopatica. E tu che stavi cosí bene con i tuoi videogiochi.

Funzionerà? Lo apri, ad ogni modo. Inizi a leggere qualche pagina, ti piace. Non ti stacchi piú, ti entusiasma.

La scarlattina sarà anche passata, ma un altro virus è entrato nel tuo corpo. Non sei piú lo stesso, vuoi leggere ancora, cerchi un altro farmaco (ma *phàrmakon*, si sa, voleva dire anche «veleno»).

Passi ad altri scrittori, probabilmente a fasi: col tempo affronti Dickens, i russi, poi Baudelaire, Neruda, quindi tutto il resto.

E poi, terribile degenerazione, vuoi provare a farlo anche tu.

Sei pallido, emaciato, semi-tisico (fumi Gauloises senza filtro: fanno schifo, ma l'hai letto in un romanzo francese). Lo spirito imitativo ti ha posseduto: tremi di una febbre dostoevskijana (basta la parola «morale» a farti entrare in deliquio), vacilli per un male tolstojano (pensi a Dio, a volte non in termini lusinghieri), capisci Iacopone da Todi («O signor, per cortesia | manname la malsanía!»).

Allora prendi la penna e, invece di chiedere aiuto a qualcuno, scrivi una poesia.

Sei spacciato? No, puoi ancora salvarti, soprattutto se la destinataria ricambia subito e, raffreddando i bollenti spiriti, seda anche l'ispirazione.

Ma spesso la fame continua. Dalle poesie si passa alla raccolta di poesie, dalla raccolta ai primi racconti, dai primi racconti al tentativo di un romanzo.

Lí è davvero finita.

La letteratura è la malattia del mondo: viene espulsa dal corpo degli uomini e della realtà come il sudore che aiuta a smaltire la febbre. D'altra parte Laurie Anderson, citando William S. Burroughs, cantava che il linguaggio è un virus che viene dallo spazio.

E ora l'alieno – sempre degente, sotto una teca piena di liquido amniotico – sei tu. E il liquido sono le lettere. (D'altra parte si legge seduti, sdraiati, proni, come per far passare l'influenza).

A questo punto nulla fermerà il malato, sempre a caccia di un rimedio, che comunque ovviamente peggiorerà le cose: parenti scettici, partner demoralizzanti (se non dileggianti), rifiuti categorici di sessantatre editori, intimazioni poliziesche a non procedere.

Macché, il tossico troverà sempre il modo di continuare a leggere, scribacchiare qualcosa, fondare una rivista online, vergare sonetti. «Aspetta, senti quest'idea per un noir, m'è venuta leggendo Scerbanenco...»

Talvolta sembrerà guarito, rinsavito, calmo e imperturbabile. Poi, una sera come un'altra, butterà giú un sorso di Valpolicella in mezzo agli amici e con nonchalance dirà: «Ho ricominciato a scrivere».

E il silenzio calerà sul tavolo come un'ascia.

Conosco bene quel momento, perché mi capita spesso di avere un'idea e buttarla lí, nel brainstorming del bar, e di vederla cadere nel vuoto o suscitare imbarazzo. Con le malattie letterarie è stato lo stesso.

«Ho questo piccolo dizionario in mente».

(sguardo assente)

«Un piccolo dizionario delle malattie letterarie».

(sguardo allarmato)

«Una cosa dotta, ma divertente».

(sguardo compassionevole e fuga)

Invece ho insistito.

Piano piano una definizione ne faceva nascere un'altra e io mi divertivo a scriverle. Una quindicina d'anni fa un'anticipazione è stata pubblicata da «IL», magazine del «Sole 24 Ore» (per cui devo ringraziare Antonio Sgobba) e, nonostante ciò, nessuno mi ha internato. Nel 2016, la Italo Svevo editore ha pubblicato in volume una prima versione del *Piccolo dizionario* (per cui devo ringraziare Giovanni Nucci). Infine, ecco questa edizione: riveduta, ampliata.

Adesso mi trovo in una nuova gabbia editoriale e, se state leggendo queste righe, ci siete dentro anche voi.

Prendete la pillola, su.

Sorridete al signore in bianco.

Perché guarire? La letteratura è una febbre bellissima. Fidatevi: un bugiardino dice sempre la verità.

Piccolo dizionario delle malattie letterarie

A

ACHAB, CONFUSIONE DI

Momento di megalomania che porta a considerare degni di nota solo i romanzi sopra le seicento pagine.

«Sta lavorando a qualcosa di grosso».
«È in preda alla confusione di Achab».

ADELPHOIDI

Infiammazione del nervo diffusa nel corpo sociale piccoloborghese che spinge ad arredare con libri color pastello per sentirsi colti.

AFORISMA

Forma di pigrizia cronicamente sentenziosa.

ALLEGORIA

Terribile forma allergica che attacca il romanziere ambizioso nell'attimo in cui costui percepisce la debolezza della sua opera.

«Al lettore potrà sembrare oscuro, ma in verità tutta questa storia è una piú ampia allegoria per...»

ANACOLUTO

Affezione di ceppo emiliano che, in nome dell'anti-intellettualismo, spinge il paziente a scrivere come un bambino di sei anni.

«At let l'oltimm racaunt de [omissis]?»
«Anca lo' s'è ciape' l'anacoluto».

ANAFORA

Forma di virus linguistico nata tra telecronisti sportivi e diffusa poi tra gli autori enfatici.

Es. 1. «Messi porta la palla! Messi in fuga sull'ala! Messi dribbla l'avversario!»

Es. 2. «E allora che cosa voglio dire? E allora che cosa intendo insinuare in queste righe? E allora che cosa penso del mondo?»

ANTIROMANZO

Rimedio omeopatico al romanzo.

ARBASINISMO

Manifestazione incurabile di name-dropping, accompagnata da gravi perdite di eventi, luoghi, facezie, recensioni, aneddoti, battute, couplets, bon mots.

AUSTENITE

Irresistibile tendenza all'imprecazione in presenza di un uomo eccessivamente abbiente.

«Austen! Quello è veramente un buon partito».

AUTOFICTION

Morbo di derivazione francese che spinge a confessare la verità spacciandola per finta ma usando nomi veri, onde creare inutile confusione.

«Se avessi voluto parlare di me, non avrei chiamato il protagonista con il mio nome» (→ WILDIANO, PARADOSSO).

AUTOPUBBLICAZIONE

Medicamento da ciarlatani.

AVANGUARDISMO

Morbo novecentesco che ha diseducato chi lo contrae allo stile.

«È avanguardistico?»
«No, è che proprio non sa scrivere».

B

BECKETTIANO

Diagnosi erronea che confonde la mancanza di ispirazione con l'assurdo.

«È beckettiano?»

«Piú che altro non ha niente da dire».

BERNHARD, MORBO DI

Flagello di ceppo austriaco che spinge il paziente a credere che ripetere nevroticamente la stessa frase aiuti a rafforzare una pagina vacua.

«È una prosa ossessiva».

«Mi pare solo che abbia letto troppo Bernhard».

BIANCIARDI, ANSIA DI

Sindrome da accerchiamento.

BIBLIOFILIA

Forma di perversione erotica che spinge il paziente a trarre piacere dall'accumulo di polvere sopra libri intonsi.

BIBLIOGRAFIA

Decorso del morbo.

BIBLIOTECA

Luogo di autoisolamento per soggetti a rischio; quarantena volontaria.

BLOCCO DELLO SCRITTORE

Momentanea e illusoria fase di guarigione.

BLOG

Temibile forma di vergognoso reflusso gastrico diffusa in rete.

«Oddio, ho scoperto che avevi un blog...»
«Già».
«Mi dispiace cosí tanto».

BLURB

Ruttino letterario-digestivo.

«Ma ti sei sciroppato davvero tutto il libro di Tizio?»
«Sí, e poi mi è venuto su un blurb».

BOOKTOUR

Pandemia catastrofica di presentazioni nelle province remote.

«Quest'autunno ci aspetta un booktour».
«Poi cosa, la morte?»

BORGESISMO

Labirintite acuta.

BUKOWSKITE

Malaugurata tendenza a credersi scrittori in seguito a una colossale sbornia.

Al pub.
«Altro giro di birra! E domani: trenta pagine d'un fiato!»
Tavolo accanto:
«Quello ha proprio una brutta bukowskite. Scommetto che è inedito».

C

CAMILLERI, SINDROME DI

Ipertrofia gergale determinata da dialetto (→ DIALETTO); può essere causa di illeggibilità o di straordinario successo editoriale.

«Non ci credo, ha messo anche lui qualche parola in dialetto per dare autenticità».
«Si crede Camilleri».

CARRÈRISMO

Propensione irrefrenabile a raccontare la propria vicenda individuale pur di avere successo.

ČECHOV, PIEDE DI

Passo corto, ma di ampio respiro.

CÉLINE, FLAGELLO DI

Morbo che spinge a uno spropositato uso dei puntini di sospensione, diffusosi prima sulle pagine della *Trilogia del Nord* e quindi negli sms di chi si è appena innamorato.

Es. 1. «... sono nato, lo ripeto, a Courbevoie, Senna... lo ripeto per la millesima volta... dopo tanti va e vieni termino veramente al peggio... c'è l'età, mi direte...»

Es. 2. «Ieri sera... Luisa... sono stato cosí bene... vorrà dire qualcosa??!!...» (sms di Guglielmo a Luisa, dopo un primo e probabilmente ultimo appuntamento).

CIORAN, AMAREZZA DI

Acuta forma di depressione curabile con la pubblicazione nel catalogo Adelphi.

CLUB DEL LIBRO

Gruppo di auto-aiuto.

COLETTE

Rimedio alla colite.

«Guarda, un mal di pancia. Poi mi sono rimesso su Colette, che gioia...»

COLOPHON

Cartella diagnostica.

COMODINITE

Nevrosi dell'accumulo.

CORPO DEL TESTO

Testo del corpo.

CREATIVITÀ

Stato di isteria vanagloriosa curabile agevolmente con una serie di martellate sulle dita dei piedi.

«Mi considero una persona creativa».
«Vieni qua che ti curo io».

CRISI DEL ROMANZO

Fase di paranoia che spinge lo scrittore a proiettare il proprio blocco (→ BLOCCO DELLO SCRITTORE) su tutti gli altri scrittori e/o sull'intera civiltà.

«Secondo me, il romanzo è in crisi».
«Quindi è tanto che non scrivi una riga?»

CRITICA POSTMODERNA

Critica postmortem.

D

DAVID FOSTER WALLACE, MORBO DI

Perniciosa tendenza dell'intellettuale stremato a trovare piú interessanti le note rispetto al testo.

DEFORMAZIONE PROFESSORALE

Tendenza alla saggistica superciliosa.

DÉJÀ-LU

Pericolosa sindrome del lettore sazio per il quale ogni libro ne ricorda un altro infinitamente migliore.

DIALETTO

Antico virus della lingua italiana diffusissimo in editoria in seguito a epidemia di bestseller sviluppatasi con l'insorgere dei primi casi di sindrome di Camilleri (→ CAMILLERI, SINDROME DI).

DIBATTITO LETTERARIO

Infallibile anestetico. Dopo un'ora di esposizione, rischio esilarante; dopo le due ore, rischio di decesso.

DICKENS, PSICOSI DI

Spinge l'autore a credere di poter vivere solo attraverso i suoi personaggi.

DIDION, SAGGISMO DI

Impacco di prosa medicamentosa, da applicare di tanto in tanto.

DIGRESSIONE CRONICA

Indisposizione dello scrittore che non viene mai al punto, persuaso di essere Tristram Shandy.

DONCHISCIOTTISMO

Convinzione megalomaniaca che apparentarsi a un grande personaggio della letteratura salvi i progetti dalle velleità.

«È donchisciottesco».

«No, è un poveretto che non sa cosa fare della sua vita».

DOSTOEVSKIJTE

Forma di epilessia che può spingere all'omicidio di vecchie usuraie o a sfornare un capolavoro dietro l'altro.

«Magari mi venisse una bella dostoevskijte!»

E

ECO, DISTURBO DI

Singolare tendenza del paziente a far parlare tutti i personaggi come un professore di semiotica.

EMILY DICKINSON, SINGHIOZZO DI

Versicoli emessi nottetempo, nello spasimo della visione.

ENJAMBEMENT

Tormento di origine francese che spinge il paziente ad andare a capo prima del margine. Se trascurato, può portare alla plaquette (→ PLAQUETTE).

F

FASCETTA

Riflesso condizionato a dire bugie dettato da disperazione.

«Ha venduto trentamila copie nel primo pomeriggio!»

«E tu dai retta alla fascetta?»

FESTIVAL

Proliferazione cutanea di eventi inutili sul corpo metropolitano.

FILOSOFIA

Nevrosi ossessivo-compulsiva che sistematizza senza motivo ogni minimo pensiero.

«La mia filosofia è sempre stata quella di mangiare l'hot-dog freddo».

FINNEGAN, PIAGA DI

Drammatica suppurazione del linguaggio che sopravvaluta i giochi di parole fino a rendere il testo illeggibile.

FITZGERALD, ALCOLISMO DI

Dipendenza cronica dalla bella prosa, e dalla bella posa.

FLAUBERTISMO

Ossessiva attenzione alla scelta della parola giusta. In casi estremi il paziente è portato a non scriverne alcuna, avviandosi a una pronta guarigione.

FRANZEN, MORBO DI

Disturbo della percezione che spinge a rigettare ogni forma di modernità – social, smartphone – in quanto ipoteticamente nociva per la scrittura.

«Non è luddista, ha solo il morbo di Franzen».

G

GADDA, GNOMMERO DI

Nodo alla lingua di origine nevrotica che impedisce di esprimersi chiaramente.

GERTRUDE STEIN, LINGUA DI

Ecolalia, balbuzie.

GIALLO

Degenerazione del noir (→ NOIR).

GINSBERG, NENIA DI

Fissazione acustica nata da associazioni libere che porta il paziente a recitare infinite tiritere, a volte accompagnate da organetto.

«Che nenia, sembra Ginsberg».
«Manca solo l'organetto».

GINZBURGHITE

Nevrosi famigliare, nonché elisir di lunga vita letteraria.

GOGOL´, PSICOPATIA DI

Insorgenza della surrealtà.

GOMORREA

Malattia contraibile con l'impegno. Sintomi: ipertrofia della prosa, ridondanza retorica, forte propensione all'orazione civile.

GOODREADS

Bacillo contratto in seguito a un eccesso di autostima, che spinge il paziente a esprimere un parere su qualsiasi libro, come se l'autore fosse suo cugino.

Es. 1. «Il grande Gatsby *è una cagata sopravvalutata*».
«Ma... davvero sta parlando di Fitzgerald?»
«Tutta colpa di Goodreads».

Es. 2. «Ho dato due stelline alla Divina Commedia».

«Ma sei scemo?»
«È evidente che non bazzichi Goodreads».

GRAFOMANIA

Grafomania.

H

HAIKU

Persistente singulto davanti alla bellezza del cosmo.

HAPPY ENDING

Prozac narratologico.

HEMINGWAY, SINDROME DI

Elefantiasi testicolare.

«Vuole scrivere un reportage dal fronte ucraino».
«Ci vogliono due palle cosí».
«No, basta la sindrome di Hemingway».

HENRY MILLER, COMPLESSO DI

Tendenza a scrivere molto di sesso, specialmente quando se ne fa poco.

I

IDEA

Germe.

«Ho un'idea per il nuovo romanzo».
«Ti vedo patito, infatti».

INFINITE JEST, GOMITO DI

Persistente malessere all'articolazione derivante dal peso dell'intelligenza altrui.

INFLUENCER

Untore.

INFLUENZA

Virus isolato da Harold Bloom che inibisce l'approccio alla scrittura. Timore reverenziale del passato, sfiducia del futuro, paralisi del presente.

INSTAGRAM

Adhd collettiva, spesso propagata da influencer (→ INFLUENCER).

INTELLETTUALITE

Pericolosa infezione che spinge a leggere Bachtin mentre il resto d'Italia guarda Sanremo.

ITALO CALVINO, DERIVA DI

Ludopatia senile.

J

JEKYLL E HYDE, IMMEDESIMAZIONE DI

Estremo disturbo bipolare.

JO MARCH, SINDROME DI

Forma di identificazione adolescenziale femminile che porta a conformismo patologico.

JOYCE, EPISTOLARIO DI

Tendenza a pornografia, coprolalia e a numerose altre parafilie.

«Guarda che porcate mi ha scritto Carlo».
«Ammazza, sembra l'epistolario di Joyce».

K

KAFKA, DISFUNZIONE DI

Dolcezza della paura.

KEROUAC, SMANIA DI

Tipologia beat del ballo di San Vito.

L

LETTERA APERTA AI GIORNALI

Bisogno di attenzione.

LETTERA DI RIFIUTO EDITORIALE

Diagnosi attendibile.

LETTERATURA

Virus ancestrale di origine oscura.

LETTURA

Primo sintomo di malessere. In caso, recarsi immediatamente al pronto soccorso. Le forme epidemiche causate da passaparola (→ PASSAPAROLA) si risolvono in genere con adeguata quarantena in luoghi protetti (→ BIBLIOTECA).

LOGORREA

Forma dissenterico-verbale facilmente contraibile in rete tramite social.

LORCA, FISSAZIONE DI

Deleteria tendenza a scrivere versi di calda e visionaria sensualità pur essendo diplomati in ragioneria.

«Le labbra della notte sfioravano la caligin… Ma 'ndo vado…»

M

MACERO

Stato di morte apparente.

«Il mio ultimo libro è finito al macero».
«Dài, magari tra qualche anno te lo ristampa un piccolo editore».

MAILER, MORBO DI

Patologia che spinge ad apparire tanto piú in pubblico quanto meno si ha da dire.

MALCOLM LOWRY, DIPENDENZA DI

Grave forma di assuefazione all'alcol e a una prosa arzigogolata, capziosa, artificiosa.

MANGANELLI, ILLUSIONE DI

Irresistibile spinta ilarotragica a voler scrivere come lui, ma radicale impossibilità di riuscire a scrivere come lui.

MAUGHAM, PROSA DI

Analgesico con effetto immediato.

MEMOIR

Rimedio omeopatico da assumere in seguito a lutto o a sventura.

«Mio cugino ha contratto un male terribile, s'è sparato davanti alla finestra, è caduto dal quarto piano su mia madre e l'ha uccisa, proprio durante il terremoto».
«Dài, ti resta sempre un bel memoir».

MOLESKINE

Virus di ceppo patagone in forma di taccuino che ha conseguenze letali verso le ambizioni del paziente.

«Ho comprato una Moleskine!»
«Sei finito».

MORAVIA, AFFEZIONE DI

Virus di ceppo borghese che spinge il paziente a pubblicare racconti pariolini derivativi.

«È un nipotino di Moravia».

«Ce ne sono moltissimi, vagano per Villa Ada e cercano di spacciarti lo stesso identico racconto di corna. Stai alla larga».

MUNRO, STILE DI

Dissezione spietata del corpo famigliare.

MUSIL, ANSIA DI

Senso di incompiutezza.

N

NARCISISMO

Blando dannunziancsimo.

NOIR

Panacea dell'invenduto.

«Niente, la saga famigliare è stato un flop».
«Prova con un noir».

O

ORECCHIO

Piaga della pagina.

ORIANAFALLACITE

Mania di persecuzione con tendenza all'invettiva.

ORWELL, PALLINO DI

Convinzione patologica di trovarsi sempre dalla parte del giusto e di essere in grado di predire il futuro.

OSPITATA TELEVISIVA

Balsamo universale.

«Mi pare un altro».
«Te credo, ha ottenuto un'ospitata da Fazio».

P

PARIGI

Clinica privata d'alta fascia per scrittori italiani contro la malattia della destra al potere.

«Adesso pure la Meloni. Che ci resta?»
«Solo Parigi».

PARONOMASIA

Infiammazione del nervo simpatico.

PASSAPAROLA

Spericolata forma di trasmissione infettiva.

PAVESE, MALESSERE DI

Forma di malinconia estremamente contagiosa, diffusa specialmente nelle Langhe, contraibile nei pomeriggi domenicali, persi nella bruma autunnale, dopo aver bevuto troppi bicchieri di Nebbiolo.

PESSOA, PARANOIA DI

Dissociazione cronica con tendenza alla schizofrenia.

«Quello cambia nick ogni mese».
«Manco Pessoa».

PINTER, PARADOSSO DI

Stato confusionale che trova un senso nell'assurdo.

PLAQUETTE

Forma di infezione batterica contratta tramite enjambement (→ ENJAMBEMENT), che spinge a sputacchiare versi di continuo.

PLURALIS MAIESTATIS

Senso di diminuzione dell'io.

POE, TERRORE DI

Paura del buio.

POESIA

Malattia incurabile, contraibile ovunque, in qualsiasi momento. In caso di contagio, si consiglia di mettere il paziente in quarantena. Se perdura, sopprimere.

PPP

Potente e pericoloso allucinogeno che spinge a credere di poter interpretare il mondo con lo sguardo di chi non c'è piú.

«Io so. Io so cosa direbbe PPP, ma non ho le prove...»

PRÉVERTITE

Innocua forma di sentimentalismo senile.

«Ma lo vedi? Parla con i piccioni».
«Come Prévert».

PRIMO LEVI, SCIROPPO DI

Antidoto al virus del nazifascismo.

PROUSTATITE

Infiammazione della madeleine.

PSICOANALISI

Letteratura inverosimile.

PUNTEGGIATURA

Malattia esotica. (→ *Appendic(it)e*)

PYNCHON, EMICRANIA DI

Disturbo dovuto alla dispersione dei personaggi.

Q

QUARTA DI COPERTINA

Senso di alterazione della realtà inversamente proporzionale alla leggibilità del libro.

«Dice che si legge d'un fiato».
«Vabbè, è la quarta di copertina».

R

READING

Malattia del cavo orale che illude il portatore di scrivere meglio di quanto non faccia in realtà. Se trascurata, porta al reading musicato (→ READING MUSICATO).

READING MUSICATO

Degenerazione del reading (→ READING) che dal cavo orale contagia il cervelletto spingendo il paziente a sfruttare alcuni poveri musicisti onde migliorare testi scialbi.

REALISMO MAGICO

Confusione estetica per cui gli scrittori di un continente, a fronte di realtà drammatiche, sono condannati a mostrare solo personaggi in preda a incanto favolistico vendibile sul mercato mondiale.

RECENSIONE

Diagnosi erronea di un dottore amico.

RECHERCHE

Prezioso rimedio contro le amnesie con agevole bugiardino in sette volumi.

RILETTURA

Autoconvincimento snob-paranoide di avere già letto un classico mai aperto prima.

«Sto rileggendo Maupassant: non lo ricordavo cosí meravigliosamente fresco!»

RISTAMPA

Forma di megalomania dettata dalle basse tirature.

ROMANZO INCOMPIUTO

Esaurimento nervoso.

ROTH, PRIAPISMO DI

Illusoria convinzione che ogni erezione sia degna di essere raccontata.

S

SALINGER, SINDROME DI

Squilibrio che spinge il paziente a isolarsi, sebbene nessuno lo stia cercando.

SALOTTO

Luogo di contaminazione dove educati e mondani gruppi di zombi propagano virus letali.

SCIALOJA

Scioglilingua terapeutico.

SEBALD, ABBAGLIO DI

Propensione a credere che l'inserimento di qualche fotografia nel testo possa aiutarti a diventare un grande scrittore.

SEDARIS

Antidepressivo.

SEGNALIBRO

Termometro dell'attenzione.

SHAKESPEARE, ENFASI DI

Tendenza al soliloquio.

SIDDHARTA, SINDROME DI

Patologia di origine indiana diffusa nell'adolescenza, che spinge il paziente ad ammantare di misticismo un blando malessere giovanile.

SILLOGE

Morbo letale. Abbattere.

«Ho scritto una sillog… (Stunc)».
«Avevi scritto».

SINCOPE

Prolungato malore di un fonema che porta alla sua inesorabile scomparsa.

SINESTESIA

Confusione dei sensi dovuta a distratta lettura di Charles Baudelaire in preda a marijuana scadente acquistata nel parchetto sotto casa.

«Adesso capisco la sinestesia».
«Ripigliati».

STREGA, COLPO DELLO

Rimedio universale ai mali dell'editoria.

«Se ci riesce il colpo dello Strega, per un po' siamo a cavallo».

T

TASCABILE

Sala di rianimazione.

TELEVISIONE

Lassativo per intellettuali stitici.

TIKTOK

Disturbo istrionico.

TOLSTOJ, RESPIRO DI

Ampia capacità polmonare.

TONDELLI, MORBO DI

Inibizione della crescita.

«Ho scritto un racconto su un rave!»
«Ommadonna, ancora Tondelli».

TRAUMA ESISTENZIALE

Toccasana letterario.

TRUMAN CAPOTE

Quattro gocce alla mattina e quattro alla sera, ottimo per rafforzare lo stile.

TUBERCOLOSI

Posa alla Thomas Mann.

U

UNBOXING

Feticismo del vuoto.

UNIVERSITÀ (FACOLTÀ DI LETTERE E FILOSOFIA)

Zona di contagio.

«Lettere e Filosofia? Ma ti senti bene? E poi che fai: scrivi?»

URGENZA DI SCRIVERE

Ingannevole necessità di espellere dal proprio organismo materia in forma di parole.

«Ma dove va cosí di corsa?»
«Eh, l'urgenza di scrivere».

V

VOGLIA DI SCRIVERE

Deliquio.

VONNEGUT

Cervello (sinonimo di).

W

WERTHER

Acne adolescenziale derivante da una sovrabbondanza di poesie dedicate alla piú bella e altera della classe, unitamente a un eccesso di masturbazione.

«Guarda che faccia: pare Werther!»

WHITMAN, DISAGIO DI

Ipertrofia dell'ego.

WILDIANO, PARADOSSO

Farmaco che, se assunto in eccessive quantità, porta allo stato confusionale.

«A furia di paradossi wildiani, non riesce a dire piú nulla di sensato».

WOOLF, BUBBONE DI

Bolla immobiliare scatenata dalla proliferazione di troppe stanze tutte per sé.

WORKSHOP DI SCRITTURA CREATIVA

Forma di plagio cleptomaniacale che spinge un paziente a derubarne altri previo loro consenso.

X

XENIA

Branca della medicina che studia i disturbi delle piccole case editrici di poesia.

Y

YOURCENAR, DELIRIO DI

Megalomania imperatoriale.

Z

ZENO, TRAUMA DI

Reazione che piú porta a romanzare la propria vita, piú spinge a negare che sia cosí.

Appendic(it)e

Il testo che segue è una versione rivista di un articolo uscito su «Il Post» il 14 dicembre 2023.

Per i patiti della punteggiatura.

«Che è questo ingombro di lineette, di puntini, di spazietti, di punti ammirativi doppi e tripli, che so io? Sto a vedere che torna alla moda la scrittura geroglifica, e i sentimenti e le idee non si vogliono piú scrivere ma rappresentare, e non sapendo significare le cose colle parole, le vorremo dipingere e significare con segni». Già nello *Zibaldone* Giacomo Leopardi preconizzava gli emoji, ma soprattutto si lagnava degli eccessi di interpunzione. È buffo: proprio adesso che la punteggiatura s'è fatta abbastanza stabile, è arrivato il terremoto della rete. Faccine, emoticon, emoji si rendono necessari per qualsiasi comunicazione online, pena l'incomprensione se non l'incazzatura dell'interlocutore. Punto e punto e virgola? Buonanotte. Ogni segno viene letteralmente spazzato via da quello che i linguisti – sempre sussiegosi – chiamano lo «smarrimento interpuntivo della scrittura popolare». Ci attende una lenta estinzione? Probabile. E dire che lineette, puntini, spazietti avevano avuto vita breve, fino a quel momento. Oggi la punteggiatura se ne sta lí come la segnaletica stradale, da usare un po' come viene (abbiamo dato l'esame di scuola guida, dopodiché guidiamo alla carlona); insomma, non ci facciamo caso o non ci interessa granché, ma esiste da pochissimo tempo. Scriviamo da seimila anni (minuto piú, minuto meno) e usiamo i «segni paragrafematici», come dicono – sempre contegnosi – i linguisti, solo da duemila e quattrocento. I greci erano svogliati e la adoperavano in modo incerto. Aristotele, sempre sistematico, provò a fare chiarezza: «Ciò che si scrive, generalmente, dev'essere agevole da leggere e da pronunciare. È questo precetto a far sí che la maggior parte di coloro che scrivono non usi troppe congiunzioni, né frasi complesse da interpungere». E poi, perfido: «Come fa invece Eraclito». Povero Eraclito: passare alla storia *anche* per un'infamata di Aristotele. E poi: la chiarezza sarà mica tutto nella vita. Ad ogni modo i romani non la usavano per nulla: come intuisce Leonardo G. Luccone nel fondamentale *Questione di virgole. Punteggiare rapido e accorto*, la colonna traiana non ha gli spazi. Possiamo immaginare gli equivoci. A un dato momento, nel II secolo a.C., un certo Aristofane di Bisanzio si mise in testa di regolare il flusso delle parole. Ne nacque una felice anarchia fatta di trattini, puntini, segnetti collocati in alto, in basso, in mezzo. Si inventano, si spostano: tutto è arbitrario per lunghissimo tempo. E dopo? Documenti scarsi, grande incertezza. Tanto per dirne una, nessuno sa come l'abbia usata Dante nella *Divina Commedia*. Esistono glifi che oggi ignoriamo, estinti come dinosauri: il doppio punto, il punto mobile, la virgola alta. Con l'avvento della stampa, grazie ad Aldo Manuzio, cominciamo a codificarli. Pietro Bembo pubblica *Le cose volgari di messer Francesco Petrarca* e, per cosí dire, mette i puntini sulle i; ossia aiuta una buona volta il lettore a muoversi dentro il testo. Eppure il criterio resterà disordinato. Diciamolo con un maestro come Luca Serianni: «Tra le varie norme che regolano la lingua scritta, quelle relative alla punteggiatura sono le meno codificate, non solo in italiano». Oppure con lo spirito caustico di Carlo Emilio Gadda: «Una vaga disseminazione di virgole e di punti e virgole, buttati a caso, qua e là, dove vanno vanno, come capperi nella salsa tartara». I futuristi, tipicamente, volevano abolire tutto; gli scapigliati rinnovare (Carlo Dossi creò la fantomatica doppia virgola, ossia una virgola sopra l'altra); Fourier pretendeva quattro tipi di virgole. In punto di morte, intanto, può essere divertente tracciare un breve prontuario di ciò che resta a condire i nostri testi, che siano i temi della scuola media o gli articoli di giornale, i romanzi di genio o la Costituzione.

La virgola.

«Ho lavorato a un poema tutto il giorno. La mattina ho aggiunto una virgola, nel pomeriggio l'ho tolta». Aveva ragione da vendere, Oscar Wilde. A volte un minuscolo segno è decisivo, e qui parliamo della regina del testo. Cenno da nulla, maestra del traffico, maestà sommessa della pagina, tuttofare, traffichina instancabile, piccolo sbaffo miracoloso che ordina i pensieri e scandisce uno scritto. È un essere minuscolo, anche se prende il nome da una parola pesante (*virgula[m]*, «piccola verga») per renderla leggerissima. Fungibile e mutevole nel corso del tempo (da orizzontale a verticale, da obliqua a leggermente ricurva come la troviamo oggi), la virgola – ricordiamolo – non serve a riprendere fiato, come afferma l'autorevole Jacques Drillon nel *Traité de la ponctuation française*: «L'occhio non respira mica». Ed è vero, anche se l'occhio corre, arranca, scarta di lato, trotta e saltella sul posto. Quindi respirerà anche, dovrà prendersi un momento per fermarsi e ripartire. O forse no. La virgola è tanto altro. Scansione logica, ordine mentale, movimento. Charles Dickens la usava a profusione: è come il braccetto del partner in una giga frenetica, una danza di relative e incisi. Anche Manzoni abbondava, mentre D'Annunzio dissentiva: «Costrutto molto virgolato è costrutto molto bacato». Eppure elegantissima, ad esempio, in Anna Maria Ortese: «Si divisero, egli le scriveva a lungo, inutilmente, da Vienna» (*Mistero doloroso*). La virgola, si sa, non andrebbe mai messa tra soggetto e verbo, eppure il sempre caro Manzoni lo fa quando gli pare e piace: «Però, di tante belle parole Renzo, non ne credette una» (*Promessi sposi*, ça va sans dire). Idem, svariate volte, Italo Calvino. Certo, le eccezioni te le devi meritare. E poi? La virgola aiuta gli incisi, favorisce gli elenchi, assiste le partizioni logiche del discorso. «Le donne, i cavallier, l'arme, gli amori»: non sembra quasi rubare la scena nel celebre incipit dell'Ariosto? Fondamentale per rendere meno ambigue le frasi: c'è una bella differenza tra «Non ho nessuno scopo e sono felice» e «Non ho nessuno, scopo e sono felice». Pare che un professore inglese una volta scrisse sulla lavagna la frase «A woman without her man is nothing». Tutti gli alunni maschi corressero: «A woman, without her man, is nothing». Tutte le alunne femmine corressero: «A woman: without her, man is nothing». Chissà se è vero. Rarissima nei titoli, con svariate eccezioni (come *Si chiama Francesca, questo romanzo* di Paolo Nori). Casi limite: nel romanzo *Zona*, Mathias Énard elimina ogni punto e lascia fluire tutto il testo attraverso le virgole; Giovanni Mariotti in *Storia di Matilde* elimina ogni segno di interpunzione e pone soltanto, al centro esatto del romanzo, una virgola: perno, snodo gigantesco, fatica immane. Nello tsunami della scrittura online, la virgola tende a sopravvivere: sorniona, duttile, simpatica, mai aggressiva. Datemi una virgola e solleverò il mondo, o insomma cercherò di ordinare un poco il caos dell'universo, ossia della mente.

Il punto.

È un'inezia, un minuscolo pois sulla pagina bianca, eppure potentissimo. Ferma, arresta, impone. Punto, punto e basta, punto e a capo: drasticità. Ma anche sintesi: «Il punto è questo». Chiude le storie dopo pagine e pagine, con burocratica efficienza. Ce lo immaginiamo, impiegato dell'Assoluto: «Mi sono già adoperato per chiudere tutte queste belle frasette di Thomas Mann, – dirà, – volete che mi dia pena se fermo *La montagna incantata* una volta per tutte?» Un aguzzino, un impiegato scontroso e tassativo. Eppure disposto a cambiare, talvolta: volenteroso: si mette appollaiato sulle i, compone la dieresi, si abbina alla virgola. Il punto aiuta a congedarsi dalle parole e dai concetti che le parole hanno veicolato. Ci saluta, ci aiuta a spostarci. Arresta e riparte. I latini lo usavano per separare le parole. In certi testi definiva l'inflessione melodica.

Per Kandinskij era sia elemento negativo (di chiusura), che positivo (di apertura). In qualche caso addirittura unisce, come nel desueto, cilioso: «ill. mo». Il punto segnala anche la cosiddetta paratassi: netta, incalzante: «Non mi aspetto granché dagli psi. Non mi aspetto granché neanche dagli altri pazienti intorno a me. Abbiamo tutti una buona ragione per essere qui» (Virginie Despentes, *Caro stronzo*). Nel parlato aiuta gli uomini dalle argomentazioni scarse a illudersi di avere ragione: «Clint Eastwood è un regista imprescindibile, punto». Oggi, secondo l'autorevole «New York Times», è considerato – almeno nelle chat sui dispositivi elettronici – estremamente assertivo, se non addirittura aggressivo. Chi scrive ha litigato con una ragazza su WhatsApp per questo motivo. Cosí lo scambio:

l'hai mai visto les enfants du paradis

No.

è il modo di rispondere?

Finita cosí, punto e a capo. Non a caso due linguisti appartenenti alla Scuola di Praga intitolarono un libro sulla sintassi *Il campo di tensione*.

I due punti.

Il punto raddoppia e diventa leggerissimo, aereo, voluttuoso. I due punti aiutano, soccorrono, puntano a spiegare. Possono sostituire congiunzioni causali, dichiarative, consecutive. La frase si ferma per un attimo e un faro illumina quella successiva: sono i due punti, operai discreti, sempre in coppia, senza la tracotanza del punto singolo che invece decide. I due punti sono di servizio, con un che di minimamente oracolare, perché spiegano. Precisetti, placidi. Li immaginiamo orgogliosi di quel mestiere. Senza di loro, nessuno prende voce: con l'eccezione di qualche scrittore pretenzioso che non li usa, sono loro infatti a introdurre il discorso diretto. Me li vedo: «Sotto, ragazzi: questo personaggio vuole dire una baggianata delle sue». Gli scrittori piú preziosi e affettati li usano per inframmezzare il discorso, a mo' di punto e virgola, o forse di virgola. È un uso autoriale che viene definito «a cannocchiale» e va usato come la ketamina: con moderazione. Gadda – con esempio mirabile – non manca all'appuntamento: «Una certa praticaccia del mondo, del nostro mondo, del nostro mondo detto latino, benché giovine (trentacinquenne), doveva di certo avercela: una certa conoscenza degli uomini: e anche delle donne» (*Quer pasticciaccio brutto de via Merulana*). Ma anche Antonio Delfini:

«Nei piccoli caffè i vecchi giocavano o leggevano il giornale, e al rintocco delle campane pareva che dovesse loro scoppiare il cuore: erano ricordi mesti che tornavano confusi, astratti: evocazioni senza fiori» (*Autore ignoto presenta*). In questa ultima frase i due punti, all'apparenza tanto umili e pratici, raggiungono l'acme delle proprie possibilità di grazia. La punteggiatura non è mai inerte: aspetta solo un artista che la esalti.

Il punto e virgola.

Qua non si scherza piú. Qua parliamo di vita e di morte. Il punto e virgola è moribondo, forse morto, sepolto e cremato e dimenticato perfino dai suoi cari. Provate a inserire il punto e virgola in una chat: tanto vale mettere un pittogramma, una runa, un carattere qualsiasi appartenente al proto-cuneiforme. Insomma, è come spiattellare una bestemmia; anzi no, quella viene presa meglio. Abbandonato, negletto, vessato: dove metterlo, che farsene? Oggi che anche il punto e la virgola soffrono, come pensare che una combinazione dei due possa sopravvivere? Androgino in via d'estinzione, elegantissimo segno a metà strada che serve e non serve, proprio per questo tanto piú tenero. «L'assassinio del punto e virgola è molto piú grave dell'assassinio di padri, madri, figli, figlie, mariti, mogli, nonne, cognati di cui parlano con infinita voluttà i nostri giornali». Cosí Pietro Citati, qualche anno fa, con enfasi forse leggermente eccessiva. Di parere opposto, Kurt Vonnegut: «Regola uno: non usare il punto e virgola. È un ermafrodita travestito che non rappresenta assolutamente niente, se non che siete andati all'università». Nella sua ambiguità è invece tratto sublime, ibrido, insolito. Per imparare a usarlo, aprire a caso un qualsiasi libro di Giorgio Manganelli. Cosí faccio in questo esatto momento, giuro: «Si beve molto: orsú, non mi fraintendete; si beve accanitamente una certa acqua minerale, non di Chianciano, buona assai, debbo dire, e mi sono accorto che il corpo disorientato si stava abituando ad usare l'acqua a mo' di pane; ho anche cercato di masticarla, l'acqua, ma mi lasciava insoddisfatto» (*La favola pitagorica*). Il punto e virgola ricorda certi nobili decaduti, raffinati, che si lasciano vivere; hanno pretese di artificiosità, non servono piú ma non fanno male a nessuno. Bevono troppi Martini al tramonto, invecchiando con vano decoro.

Il punto esclamativo.

Luigi Pirandello: «Sgranava gli occhi, come se vi ponesse punti esclamativi sempre piú sperticati».

Enfatico, prepotente, eccessivo. È l'amico che, invitato a cena, trinca e sbraita di continuo, mettendo in imbarazzo i commensali. Nella prima metà del Novecento, qualcuno ne propose perfino l'abolizione. Non può mancare, tuttavia, in grida e versi e esclamazioni (soprattutto di piacere: Tiziano Scarpa ha immaginato che, rovesciato e collocato tra parentesi, avrebbe potuto effigiare l'organo genitale femminile). Va sottolineata la valenza ironica: «Figuriamoci! Che stupidaggine! Una cosa da donna!» (Ursula K. Le Guin, *I sogni si spiegano da soli*). Per Francis Scott Fitzgerald, uno che di tono e di grazia se ne intendeva, da evitare come la peste: equivale a ridere alle proprie battute. Usato in modo incauto da amanti entusiasti nei whatsapp («Sei bellissima!!!!!!!!») o da inefficaci slogan pubblicitari (cartello avvistato da chi scrive in corso Buenos Aires, Milano, lo scorso novembre: «È sempre la stagione di pulci e zecche!»), il punto esclamativo – incidiamolo nella pietra – non regala incisività! Visto?

Il punto interrogativo.

Sgomento, il punto interrogativo (o di domanda) si domanda – appunto – perché gli abbiano dato questo ruolo ingrato. Inquisire, indagare, sondare di continuo il lettore. Angosciarlo, in definitiva. Atterrirlo, a furia di inchieste. Il punto di domanda non ha altra funzione. Esso stesso è smarrito. Anche quando rinuncia a interrogare, con le domande retoriche constata l'ovvio. Usato in piú esemplari, rischia di irritare, perdendo (di nuovo) incisività. «Ma davvero?????» «No, dimentica tutto». Di tanto in tanto, si concede un flirt con il punto esclamativo, certo non per placarsi, ma anzi per esprimere sgomento e orgasmo. Nella lingua spagnola si lancia in una carambola, comparendo a inizio frase rovesciato. Per un uso creativo: di nuovo un virtuoso come Gadda (da non provare a casa): «Ma che cos'era il sole? Quale giorno portava? sopra i latrati del buio». E poi un grande classico di Gianni Rodari: «Un Tizio salí in cima al Colosseo e gridò: "Mi butto?" "Non è regolare", gli fecero osservare i passanti. "Lei doveva metterci il punto esclamativo, non il punto interrogativo. Torni a casa e studi la grammatica". Qualche volta un errore di grammatica può salvare la vita». Teniamolo a mente.

I puntini di sospensione.

Sono tre, di norma. Se l'incauto scriba ne usa uno di piú o uno di meno, l'utente saccente si fa prendere da isteria. «Sono tre! Tre e basta! Tre di numero!» Diverse persone sono state portate via da due signori in camice bianco per avere assistito a un uso sciatto dei puntini di sospensione. Due sembrano monchi e di piú sembrano un eccesso (anche se Gadda, al solito, ne usava quattro). Otto puntini di sospensione denotano nei migliori casi un'attenuazione dell'effetto voluto e nei peggiori un goffo tentativo di malizia, ad esempio in: «che ne dici di un cinema e poi…… bicchierino a casa mia……….» Lei, giustamente, declina. Non va dimenticato il saggio di Umberto Eco, in cui si sconsigliava di abbondarne, pena la perdita di precisione; seguivano gli esempi classici: «Nel mezzo del cammin di… nostra vita», oppure «Quel ramo del lago di… Como», o ancora «Chiamami… Ishmael». Da segnalare l'uso smodato, quasi asmatico, che ne ha fatto Louis-Ferdinand Céline, soprattutto in epoca tarda. Esempio a caso da *Il ponte di Londra*: «In un certo senso… in fondo non nuoce… ero in pieno vantaggio… un minuto fa…» Tutto cosí, per quattrocento pagine. Diciamolo: Céline ha fatto con i puntini di sospensione quello che Jimi Hendrix ha fatto con la chitarra.

Le parentesi.

Se ne stanno lí, perennemente staccate l'una dall'altra, a delimitare, a sorreggere un gruppo di parole, come una morsa o un'impalcatura. Due mezzelune, due piccole falci. Inciso, specificazione, «a parte». La parentesi ha funzione importante, di alternativa alla virgola e al trattino, ma anche di movimento sintattico. Scrivere «Don Abbondio (il lettore se n'è già avveduto) non era nato con un cuor di leone» è diverso che scrivere «Il lettore s'è già avveduto che Don Abbondio non era nato con un cuor di leone». Vivono un nuovo momento di gloria all'arrivo delle emoticon, per allestire – insieme ai due punti e al trattino – un volto sorridente. Vladimir Nabokov, in *Intransigenze*, l'aveva presagito, dicendo a un intervistatore: «Molte volte penso che dovrebbe esistere uno speciale segno tipografico per indicare un sorriso – una specie di lineetta concava, una parentesi tonda supina, che ora mi piacerebbe tracciare in risposta alla sua domanda». Come le virgolette, possono essere pronunciate: «Sono uscito con Mario che è, tra parentesi, un pirla, e mi ha detto che...» Inoltre, come certi algidi bibliotecari, le parentesi si occupano di richiami bibliografici e didascalie teatrali. «Sono questioni decisive, – sembrano dire, piccate, – possiamo sbrigarle solo noi. La prego di lasciarci in pace». Ancora piú di nicchia, oltre Alfa Centauri: le parentesi quadre, relegate a misteriosi omissis.

L'asterisco.

Nobile stellina che rimanda a una nota a piè di pagina o a un riferimento bibliografico. A volte, nelle intercettazioni o in certi romanzi, si fa torbido e serve a occultare un nome o una parola, conferendo di volta in volta mistero, elusività, crimine. Per questioni legate alla sensibilità di chi legge, ha trovato nuova diffusione onde rendere meno offensivi all'orecchio di lettori e lettrici epiteti dispregiativi legati a un'etnia o a un trauma. Negli ultimi tempi è tornato in auge per le questioni di genere, a rendere neutra e quindi inclusiva la desinenza. Il grafema viene considerato impronunciabile, sebbene in un'occasione pubblica chi scrive ha avuto l'intrepida idea di pronunciarlo con uno schiocco sommesso delle labbra, ossia un bacino.

Le virgolette.

Ne esistono di vario genere: doppie e basse (« »), dette anche francesi o sergenti o caporali; doppie e alte (" "), dette inglesi; singole e alte (' '), dette apici o tedesche; singole e basse (‹ ›), dette thailandesi (quest'ultima non è vera, però mi spiaceva per loro). Ad ogni modo, cosmopolitismo a iosa, come si nota. Le virgolette cambiano a seconda delle norme redazionali, regole oscure grazie alle quali le case editrici cercano di darsi una vaga personalità. Denotano ironia (non sempre). Caso emblematico, citato nell'altrettanto fondamentale *Prontuario di punteggiatura* di Bice Mortara Garavelli: in Francia, nel dopoguerra, quando si nominava l'acronimo del Partito comunista francese, Pcf, la stampa di sinistra metteva la C tra virgolette, mentre la stampa di destra metteva la F tra virgolette. Ancora adesso esiste un diffuso tic gestuale per cui, inarcando per aria indice e medio delle due mani, chi parla pone tra virgolette immaginarie una parola su cui ironizzare. In *Brevi interviste con uomini schifosi*, David Foster Wallace scrisse un intero racconto in cui la protagonista viene descritta intenta a muovere le dita per simulare le virgolette, con effetti notevolmente comici.

Il trattino.

Quello lungo separa, quello breve unisce: la poesia del trattino potrebbe stare tutta qua, in questo esercizio da circo alla Chaplin: il nanerottolo che tiene insieme con immenso sforzo e lo spilungone che si ostina a distanziare. Destino dello spilungone è distaccare parole per elaborare incisi, destino del nanerottolo è accorpare parole che forse un giorno non avranno piú bisogno di lui, come «antifascista» o «ecosistema» (ormai diffuse). Ebbe un momento di gloria punk: Marco Philopat, scrittore milanese, pubblicò un intero romanzo, *Costretti a sanguinare*, dove l'unico segno di interpunzione era il trattino.

La barretta.

Oggi fa piú fico dire «slash». Nei salmi biblici segnava una pausa della voce. È sempre sul punto di cadere e rovinare a terra, sempre a spintonare come in metropolitana nelle ore di punta. Alterna di continuo: questo/quello, qui/là. Schizofrenica, instabile. Si nobilita e si fa bella quando per risparmiare spazio la citazione di un verso poetico viene disposta per esteso, invece di andare a capo. «Sempre caro mi fu quest'ermo colle, | e questa siepe, che da tanta parte | dell'ultimo orizzonte il guardo esclude». Imbucata dell'infinito, la barretta si adagia tra i versi dei grandi poeti e se la gode.

Gli spazi bianchi.

Ebbene sí. Anch'essi sono interpunzioni e non lo si dice abbastanza. Viene chiamata «punteggiatura bianca» e regola l'occhio in modo decisivo, anche se non ci facciamo caso. Gli a capo che scandiscono i paragrafi, il doppio a capo che separa le parti di un testo, i lunghi spazi bianchi che ci portano a un nuovo capitolo. E poi, in poesia, le omissioni dell'enjambement (o inarcatura). Momento di pausa, infinito metafisico, vacuità risolutiva, assenza, rinuncia, sottrazione fondamentale. Riusciamo a distinguere le parole grazie a loro. Veniamo dallo spazio bianco e torneremo lí.

È solo cosí che, dopo il punto, ci congediamo.

Nota bibliografica.

La citazione di p. 12 alla voce CÉLINE, FLAGELLO DI, è tratta da Louis-Ferdinand Céline, *Trilogia del Nord*, trad. it. di Giuseppe Guglielmi, Einaudi, Torino 2018.

Le citazioni contenute nell'*Appendic(it)e* sono tratte da:

Céline, L.-F., *Il ponte di Londra*, trad. it. di Gianni Celati, Einaudi, Torino 1971.

D'Annunzio, G., *Le faville del maglio*, in Id., *Prose di ricerca*, Mondadori, Milano 2005.

Delfini, A., *Autore ignoto presenta*, Einaudi, Torino 2008.

Despentes, V., *Caro stronzo*, trad. it. di Maurizia Balmelli, Fandango, Roma 2023.

Drillon, J., *Traité de la ponctuation française*, trad. it. dell'autore, Gallimard, Paris 1991.

Gadda, C. E., *La cognizione del dolore*, Adelphi, Milano 2017.

–, *Quer pasticciaccio brutto de via Merulana*, Adelphi, Milano 2018.

Le Guin, U. K., *I sogni si spiegano da soli*, a cura di Veronica Raimo, Sur, Roma 2022.

Leopardi, G., *Zibaldone*, Mondadori, Milano 2022.

Luccone, L. G., *Questione di virgole. Punteggiare rapido e accorto*, Laterza, Bari-Roma 2018.

Manganelli, G., *La favola pitagorica. Luoghi italiani*, Adelphi, Milano 2005.

Manzoni, A., *I promessi sposi. Storia della colonna infame*, Einaudi, Torino 2015.

Mortara Garavelli, B., *Prontuario di punteggiatura*, Laterza, Roma-Bari 2003.

Nabokov, V., *Intransigenze*, trad. it. di Gaspare Bona, Adelphi, Milano 1994.

Ortese, A. M., *Mistero doloroso*, Adelphi, Milano 2010.

Pirandello, L., *I vecchi e i giovani*, in Id., *Tutti i romanzi*, vol. II, Mondadori, Milano 1996.

Rodari, G., *Il libro degli errori*, Einaudi Ragazzi, Trieste 2011.

Serianni, L., *Grammatica italiana. Italiano comune e lingua letteraria*, Utet, Torino 2005.

Vonnegut, K., *Un uomo senza patria*, trad. it. di Martina Testa, Bompiani, Milano 2020.

La citazione di Pietro Citati è ricavata da un articolo comparso su «la Repubblica» il 7 aprile 2008.

Stampato su carta HOLMEN con fibra vergine
proveniente da foreste sostenibili
www.holmen.com/paper

Stampato per conto della Casa editrice Einaudi
presso ELCOGRAF S.p.A. - Stabilimento di Cles (Tn)
nel mese di aprile 2025

C.L. 26822

Ristampa							Anno			
0	1	2	3	4	5		2025	2026	2027	2028